Sheltie
adopte un poulain

BIOGRAPHIE

Peter Clover est né et a grandi à Londres. Il a commencé sa carrière comme illustrateur avant de mettre des mots autour de ses illustrations. Il adore peindre, voyager, cuisiner et se maintenir en forme. Il habite sur la côte Sud de l'Angleterre, à Somerset.

**ILLUSTRATIONS INTÉRIEURES :
PETER CLOVER**

Sheltie®

adopte un poulain

PETER CLOVER

TRADUIT DE L'ANGLAIS
PAR GUILLAUME FOURNIER

HUITIÈME ÉDITION
bayard jeunesse

Pour Jan Payne

Titre original
SHELTIE n° 22
Sheltie and the Foal

Publié pour la première fois par Puffin's books, 1999
Créé par Working Partners Limited ; London W6 OQT

Loi n° 49 956 du 16 juillet 1949
sur les publications destinées à la jeunesse

Dépôt légal : septembre 2004

ISBN : 978 2 7470 1831 9

Imprimé en Allemagne par CPI – Clausen & Bosse

1

C'était un beau samedi ensoleillé à La Pommeraie. Emma bondit hors du lit et courut pieds nus à la fenêtre de sa chambre. Elle ouvrit les rideaux et aperçut Sheltie, son poney shetland, qui l'attendait patiemment près de la barrière de son enclos. En voyant sa maîtresse, Sheltie dressa la tête et l'accueillit à sa manière, par un hennissement retentissant.

Emma se dépêcha de s'habiller, puis elle dévala l'escalier. Dehors, le ciel était

d'un bleu magnifique. Dans le lointain, seuls quelques nuages ventrus flottaient au-dessus des collines.

La fillette traversa le jardin comme une flèche.

– Petit déjeuner ! cria-t-elle en escaladant la barrière de l'enclos.

Ce matin-là, Sheltie était d'une humeur

particulièrement joueuse. Au moment où Emma se laissait glisser au bas de la barrière, il la poussa du bout du nez. Déséquilibrée, elle atterrit lourdement sur les fesses, et Sheltie en profita pour lui souffler dans les cheveux.

– Arrête ! fit la fillette en gloussant.

Elle écarta le farceur avec ses mains et se releva. Puis elle se jeta à son cou et le couvrit de baisers. Sheltie éternua, ravi : il adorait taquiner sa maîtresse et jouer avec elle. Il fourra sa tête dans les bras d'Emma, réclamant un autre câlin.

– Allez, viens, mon beau !

La fillette se dirigea vers l'abri, où elle versa dans la mangeoire un mélange de céréales.

Tandis que le shetland allongeait le cou pour manger, elle lui flatta l'encolure. Emma songea alors à sa camarade de classe, Tracy Diamond, et à son poney, Flamme, qui attendait un poulain.

« J'espère que Flamme se porte bien. »

– Le poulain peut naître d'un jour à l'autre, tu sais. J'ai bien envie d'aller faire un tour chez Tracy, au cas où il serait déjà arrivé.

Tracy Diamond vivait de l'autre côté du village, derrière la colline. Sa famille habitait une vieille maison en pierres au toit de tuiles rouges. C'était une grande demeure entourée d'arbres, avec un enclos semblable à celui de Sheltie.

Sheltie rejeta la tête en arrière et souffla bruyamment, comme pour approuver.

Ce faisant, il fit voler un gros flocon d'avoine qui lui pendait au coin des lèvres.

– Je suppose que ça veut dire oui, s'esclaffa la fillette. Très bien. Je vais aller prendre mon petit déjeuner, et puis j'appellerai Sally pour lui proposer de nous accompagner.

Là-dessus, Emma retourna au cottage, laissant Sheltie fouiller dans sa litière à la recherche du flocon d'avoine qu'il avait égaré.

Une heure plus tard, Emma retrouva Sally au petit pont de pierre, à la sortie du village.

– Salut ! lui lança-t-elle en la rejoignant.

Minnow, le poney noir et blanc de Sally, était en train de boire dans le torrent.

– Bonjour, Emma ! Bonjour, Sheltie ! répondit Sally avec un large sourire.

Suivant l'exemple de son ami, Sheltie

plongea le nez dans l'eau froide et se mit à faire des bulles. Il n'avalait pas une goutte ; il voulait simplement faire le clown. Quand il eut fini de boire, Minnow mordilla les oreilles de Sheltie, qui se redressa brusquement, faisant mine

d'être en colère. Minnow ne broncha pas. Les compères se frottèrent ensuite le nez l'un contre l'autre. C'était leur façon de jouer.

– Quel numéro, ton Sheltie ! fit Sally en riant. Il ne changera jamais !

Emma sourit. Elle adorait son poney, et ne se séparerait de lui pour rien au monde. Sans plus tarder, les deux petites filles partirent vers la colline par les chemins de campagne.

Elles coupèrent à travers champs, et bientôt elles aperçurent le toit aux tuiles rouges de la maison de Tracy au-dessus des arbres.

– On y est ! Si ça se trouve, Flamme a déjà mis bas, fit Emma, tout excitée.

2

Emma et Sally remontèrent au pas la grande allée gravillonnée qui menait à la maison. Minnow, très obéissant, avançait droit devant lui. Sheltie, lui, ne cessait de se déporter vers la haie pour y arracher au passage quelques feuilles savoureuses.

– Si seulement tu pouvais être aussi sage que Minnow ! soupira Emma en ébouriffant la crinière de son poney.

Hormis le martèlement des sabots des poneys et le grincement des selles en cuir, on n'entendait pas un bruit. Ce silence était étrange.

– C'est calme, murmura Sally.

– Presque trop, approuva Emma avec une pointe d'inquiétude.

En débouchant au bout de l'allée, elles aperçurent une Land Rover verte garée devant l'écurie.

– Tiens ! s'exclama Emma. C'est la voiture de M. Thorne.

M. Thorne était le vétérinaire du village. Au moment où Emma prononçait son nom, il sortit précipitamment de l'écurie et courut chercher quelque chose dans sa voiture. Il avait remonté les manches de sa chemise, et un pli soucieux barrait son front. En apercevant les fillettes, il esquissa un maigre sourire et leur lança fermement :

– Vous avez mal choisi votre jour. Revenez une autre fois, je suis très occupé, et Tracy ne peut pas vous recevoir.

Puis il regagna l'écurie au pas de course, sans leur en dire davantage.

– Eh bien, voilà ! conclut Sally avec philosophie. On n'a plus qu'à rentrer chez nous !

Elle fit faire demi-tour à Minnow.

– Flamme doit être en train d'accoucher, dit Emma en tirant sur les rênes. On repassera quand ce sera terminé.

Mais Sheltie ne l'entendait pas de cette

oreille. Indifférent aux ordres de sa maîtresse, il semblait bien décidé à continuer jusqu'à l'écurie ! Emma dut batailler ferme pour lui faire prendre le chemin du retour.

– J'espère que l'accouchement se déroule bien, murmura Sally alors qu'elles sortaient du domaine.

– J'ai un mauvais pressentiment. Je n'ai jamais vu Sheltie se comporter comme ça. C'est rare qu'il me désobéisse à ce point.

– C'est vrai que M. Thorne avait l'air inquiet, concéda Sally.

Elles chevauchèrent en silence ; elles étaient préoccupées.

– Et si on téléphonait ? s'écria brusquement Emma.

Sa voix surprit Minnow, qui fit un écart et manqua trébucher dans le fossé.

– Oups ! Désolée.

Heureusement, Sally était une excellente cavalière, et elle eut tôt fait de calmer son poney.

– Je déteste quand il fait ça ! déclara-t-elle.

– C'est ma faute. Je n'aurais pas dû crier.

– Bah, ce n'est rien. Il devrait être habitué, fit-elle, moqueuse. Qu'est-ce que tu disais ?

– Je proposais de téléphoner pour prendre des nouvelles de Flamme.

– Tu crois que c'est une bonne idée ? On ferait mieux d'attendre demain, ou même lundi. Tracy nous racontera tout à l'école. Si l'accouchement tourne mal, elle doit être dans tous ses états. Elle n'aura peut-être pas envie de nous parler.

– Mais on pourrait sûrement l'aider, insista Emma.

– Je te rappelle que M. Thorne nous a demandé de partir.

– Oui, mais il ne nous a pas interdit de téléphoner.

– Comme tu veux. Moi, je crois qu'on ne devrait pas déranger Tracy.

Sally avait probablement raison. Mais Emma était inquiète. Elle voulait être rassurée *tout de suite*, et elle se promit de passer un coup de fil dans l'après-midi.

Durant le reste de la matinée elles se baladèrent dans la campagne à dos de poney, profitant du beau temps.

À l'heure du déjeuner, au moment de se quitter, les deux amies se donnèrent rendez-vous pour le lendemain.

Quand Emma et Sheltie franchirent le portail de leur maison, Mme Matthews les attendait à la porte de l'enclos, l'air grave, comme si elle avait une mauvaise nouvelle à leur annoncer.

3

– Je viens d'avoir M. Thorne au téléphone, annonça-t-elle d'emblée. J'ai quelque chose à te dire, et ça risque de te faire beaucoup de peine.

La main d'Emma se crispa sur les rênes ; elle sentit son pouls battre très fort. Mme Matthews posa la main sur le bras de sa fille et parla d'une voix douce :

– L'accouchement de Flamme s'est mal passé. Il y a eu des complications, et

la pauvre est morte en donnant naissance à son petit.

– Oh, non ! s'exclama Emma, toute pâle, en se couvrant la bouche avec la main. Flamme est morte ? Ce n'est pas possible ! Je ne te crois pas !

– Hélas, c'est vrai, ma chérie. Le vétérinaire m'a dit que Tracy était bouleversée. Il vaudrait mieux laisser passer quelques jours avant d'aller la voir.

Emma pensa très fort à son amie. Elle aurait aimé être à ses côtés et l'assister dans cette dure épreuve. Elle se pencha sur l'encolure de Sheltie et referma les bras autour de son cou, cherchant du réconfort.

– Pauvre Tracy ! Et pauvre Flamme !… Et le poulain ? demanda-t-elle soudain en se redressant. Que va-t-il devenir, sans sa mère ?

Sheltie dressa les oreilles, alerté par l'inquiétude qu'il sentait dans la voix de sa maîtresse.

– Il faudra le nourrir au biberon et veiller sur lui vingt-quatre heures sur vingt-quatre. Le père de Tracy ne peut pas s'en charger, car il ne connaît pas grand-chose aux poneys. M. Thorne lui a donc conseillé de s'adresser à Marjorie Wallace.

Marjorie était une vieille dame qui vivait avec son frère, Todd, dans un cottage isolé, au pied de la colline. Ils possédaient un immense jardin, et des champs clôturés par une barrière.

Marjorie avait une passion pour les animaux. Elle hébergeait deux ânes et une dizaine de chats, et recueillait toutes sortes de bêtes blessées ou abandonnées. Emma ne doutait pas une seconde qu'elle saurait parfaitement s'occuper d'un poulain orphelin.

– J'y vais tout de suite ! s'écria la fillette. Tracy a besoin de mon aide.

Mme Matthews lui pressa doucement l'épaule :

– Malheureusement, Tracy a très mal supporté la perte de son poney. Elle en rejette toute la faute sur le poulain. Et elle ne désire pas le garder.

– Quoi ? souffla Emma. Mais c'est affreux ! Tracy ne peut pas faire ça ! Je vais lui parler. J'arriverai peut-être à la faire changer d'avis.

– C'est très gentil, ma chérie, mais je crois qu'il lui faudra longtemps pour accepter la mort de Flamme. Et c'est *maintenant* que le poulain a besoin qu'on s'occupe de lui.

– Si je comprends bien, il va rester un moment chez Marjorie ?

– Il y est déjà. M. Thorne l'a déposé là-bas.

– Alors, c'est à elle que je vais proposer mes services, conclut la fillette.

– Attends demain, lui conseilla sa

mère. Donne-lui le temps d'installer le poulain.

– Au fait, comment il s'appelle ? demanda Emma.

– Étoile.

– Étoile, répéta-t-elle tout bas. C'est très joli.

– C'est le vétérinaire qui l'a baptisé. Apparemment, il a une marque blanche en forme d'étoile au milieu du front.

– Je t'en prie, maman ! J'ai trop de chagrin, laisse-moi voir Étoile, supplia-t-elle.

Devant l'insistance de sa fille, Mme Matthews finit par céder. Elle alla appeler la vieille dame pour la prévenir de la venue d'Emma.

– Très bien, dit-elle en revenant, tu peux y faire un saut. Mais je veux que tu me promettes de ne pas embêter Marjorie. Et ne reste pas trop longtemps !

– Promis, dit Emma. J'y vais et je reviens !

En route, Emma décida de faire un détour pour prendre Sally au passage. Tout au long du chemin, elle ne cessa de penser à Tracy. La mort de Flamme était horrible, mais il fallait dorénavant songer au poulain. Le malheureux n'y était pour rien. Emma se jura de convaincre Tracy de l'accepter.

4

Quand son amie lui apprit la nouvelle, Sally n'en crut pas ses oreilles.

– C'est terrible, gémit-elle, les larmes aux yeux.

Les deux fillettes tombèrent dans les bras l'une de l'autre.

– Tu imagines, si c'était arrivé à Sheltie ou à Minnow? murmura Sally, bouleversée.

Emma se souvint de ce qu'elle avait ressenti quand Sheltie s'était cassé une jambe. Tout le monde croyait qu'il ne s'en remettrait pas. Le vétérinaire avait même parlé de l'euthanasier ! Pour Emma, ç'avait été la pire épreuve de toute son existence[1]. Mais Sheltie avait fini par guérir, grâce notamment à l'amour et au dévouement de sa maîtresse.

– Je préfère ne pas y penser, dit Emma, la gorge serrée.

1. Voir *Sheltie est blessé !,* n° 420.

Sheltie s'avança et fourra sa tête entre les deux filles. Il avait envie d'un câlin, lui aussi ! Sally et Emma lui ébouriffèrent la crinière ; puis elle caressèrent Minnow pour ne pas provoquer de crise de jalousie.

Quelques minutes plus tard, elles partaient en direction du cottage de Marjorie.

Sheltie secoua la tête et fit voler sa longue crinière sur le côté. Il tourna la tête et regarda Emma de ses yeux intelligents.

– Tu sais où on va, hein, mon beau ? demanda Emma.

Le poney huma l'air et poussa un reniflement sonore.

– Tu vois ? s'esclaffa Emma. Il vient de répondre « oui ».

– Dire que les gens croient que les poneys ne parlent pas ! fit Sally en souriant. Des fois, j'ai vraiment l'impression que le tien comprend tout ce qu'on lui dit.

– C'est le cas, confirma Emma avec le plus grand sérieux.

Sheltie renifla de nouveau en s'approchant de Minnow.

– Et là, il traduit pour son copain.

– Ben voyons ! pouffa Sally.

La colline se dressa devant elles, pareille à un énorme flan au caramel. Le cottage de Marjorie se trouvait de l'autre côté, à l'endroit où la pente s'aplatissait, laissant la place aux champs et à la forêt. Les deux amies aperçurent enfin la haute cheminée de pierre.

– On y est presque, s'écria Emma. Je suis impatiente de voir Étoile, pas toi ?

– Si, bien sûr, mais je pense surtout à Tracy.

– Je comprends. La meilleure façon de l'aider, c'est de les réunir, Étoile et elle.

Arrivé au portail, Sheltie se pencha

par-dessus et fit coulisser le verrou avec ses lèvres. Elles purent ainsi franchir aisément le portail. Elles mirent pied à terre et attachèrent leurs poneys à un grand anneau en fer qui pendait au mur.

Puis Emma sonna à la porte. Personne.

Elles crurent que la maison était vide. Mais Sheltie dressa les oreilles, et elles comprirent que quelqu'un venait.

La porte s'ouvrit, et Todd apparut sur

le seuil. Il semblait fatigué et soucieux. En voyant les filles, il sourit et leur tendit la main.

– Comment va Étoile ? demanda Emma.

Todd secoua la tête :

– Pas très bien. Pour l'instant, il refuse le biberon. Il a juste avalé quelques gouttes. S'il continue, on ne va pas pouvoir le maintenir en vie.

– Et si j'essayais de le lui donner ? proposa Emma. J'ai déjà eu l'occasion de nourrir comme ça des agneaux, à la ferme de M. Brown.

– Je suis sûr que Marjorie n'y verra pas d'inconvénient. Si tu arrives à le persuader de manger, on sera tous très contents.

Ils traversèrent la cour et se dirigèrent vers la grange, derrière la maison. Un hennissement plaintif s'éleva dans leur dos. C'était Sheltie qui appelait sa maîtresse : il avait horreur de la voir aller quelque part sans lui. Emma fit un signe de la main, lui ordonnant de l'attendre sagement.

Ils trouvèrent Marjorie dans la grange. Assise sur une balle de foin, elle serrait le poulain dans ses bras pour lui communiquer chaleur et affection. Un biberon de lait était posé à ses pieds.

– Entrez, murmura-t-elle en posant un doigt sur ses lèvres.

5

Blotti contre Marjorie, Étoile semblait dormir.

Mais, dès qu'elles s'approchèrent, il frémit, se dégagea de l'étreinte de la vieille dame, et recula, apeuré, vers le fond de la grange sur ses jambes flageolantes.

– Tout va bien. Viens ! l'appela doucement Marjorie. Ce sont des amies.

Elle ouvrit les bras, le poulain avança craintivement.

Emma et Sally observèrent Étoile : il était si mignon ! Sa robe était d'un brun rouille assez clair, et il avait une tache blanche au milieu du front. Ses grands yeux ronds fixaient les petites filles avec un mélange d'étonnement et de curiosité.

– Regarde sa crinière, pouffa Emma. On dirait qu'il a une coupe en brosse.

– Il est adorable, souffla Sally.

Étoile frissonnait de la tête aux sabots.

Ses longues jambes maigres tremblaient si fort qu'il tenait à peine debout.

Marjorie lui caressa les naseaux en lui chuchotant des paroles apaisantes. Elle se tourna vers les fillettes :

– Venez lui dire bonjour. Mais parlez à voix basse, et ne faites pas de gestes brusques. Il est complètement terrorisé.

Elles s'avancèrent avec précaution, sur la pointe des pieds. Le poulain les surveillait du coin de l'œil.

– Bonjour, Étoile, murmura Emma en tendant la main pour la lui faire flairer.

Le poulain recula immédiatement.

– N'aie pas peur, mon beau.

La fillette fit un pas vers lui. Les naseaux d'Étoile palpitèrent.

– Il sent l'odeur d'un autre poney sur tes vêtements, expliqua Marjorie en souriant. C'est bien ; maintenant, il sait qu'il peut avoir confiance.

En effet, le poulain se détendit, et

Emma put enfin le toucher. Elle lui flatta la crinière avec douceur pendant qu'il reniflait ses vêtements.

– Je peux essayer de lui donner le biberon ? demanda-t-elle.

– Je veux bien, répondit la vieille dame. Le vétérinaire m'a fourni un lait spécial, enrichi avec des vitamines, mais cette tête de mule refuse de le boire.

Emma prit le biberon et l'approcha de la bouche d'Étoile. Le poulain le flaira, puis détourna la tête.

– Allez, insista Emma. Avale un peu ! Juste une gorgée.

– Il faut te nourrir, si tu veux devenir grand et fort comme ta…, commença Sally.

Elle s'interrompit brusquement. Elle venait de se rappeler qu'Étoile n'avait plus de maman.

– Il faut te nourrir, si tu veux devenir grand et fort, et aider Tracy, rectifia-t-elle.

Soudain, un hennissement sonore se fit entendre à l'extérieur de la grange. Étoile dressa les oreilles. Il inclina la tête sur le côté, tous ses sens en alerte.

– C'est Minnow ! s'exclama Sally. Qu'est-ce qu'il lui arrive ?

– C'est probablement Sheltie qui fait des siennes, soupira Emma. Je vais jeter un coup d'œil.

Elle sortit de la grange en courant. Elle vit Sheltie, qui avait contourné la maison et trottait tranquillement à sa rencontre ! À force de tirer sur sa longe, il était parvenu à se détacher.

Poussant un soupir de résignation, Emma prit son poney par la bride et revint avec lui dans la grange.

Le poulain écarquilla les yeux en découvrant le shetland. Puis il poussa un petit gémissement plaintif.

Sheltie souffla doucement, pour ne pas l'effrayer. Après une brève hésitation, Étoile trottina jusqu'à lui.

Ils se frottèrent les naseaux. Puis le shetland lécha le front du nouveau-né et entreprit de lui nettoyer les oreilles. Étoile ferma les yeux, vint se coller contre Sheltie et lui mordilla le flanc, en quête de tendresse.

– On dirait qu'il le prend pour sa mère, observa Sally. C'est touchant !

Emma eut une idée. Elle appela son poney :

– Sheltie ? Viens, mon beau. Viens ici.

Sheltie obéit. Emma donna un peu de mou à sa ventrière et glissa le biberon sous la sangle de cuir. Le poney la regarda faire avec curiosité, et resta tranquille.

Cette fois, le poulain n'eut pas besoin d'encouragement. Il trouva aussitôt le

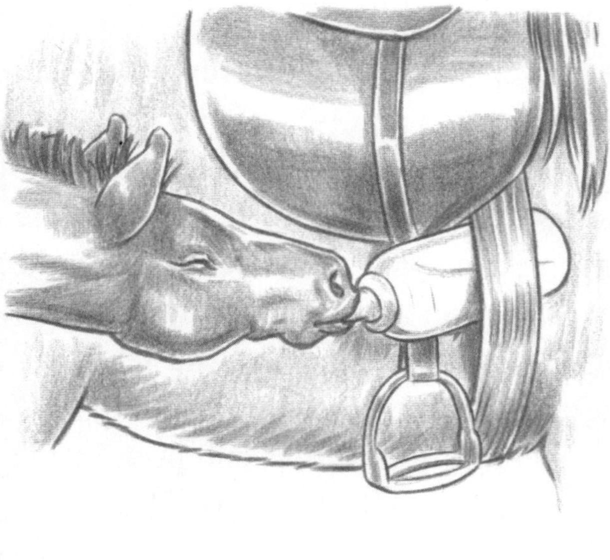

biberon et prit la tétine entre ses lèvres. Tout le monde en eut le souffle coupé. Cela marchait ! Étoile buvait enfin.

– Formidable, applaudit Marjorie. Emma, je te tire mon chapeau.

Quand Étoile eut englouti la moitié du biberon, Marjorie essaya de le récupérer pour le donner elle-même au poulain. Mais ce dernier refusa. Il ne voulait être nourri que par Sheltie.

6

– Aïe, dit Marjorie. C'était trop beau.

– Quel est le problème ? s'inquiéta Emma en échangeant un regard avec Sally.

– Étoile a besoin d'un biberon de lait toutes les deux heures. C'est vital si on veut qu'il ait une chance de s'en sortir.

– Je crois savoir ce que vous allez me demander…

Marjorie fit une grimace désolée :

– Cela t'ennuierait de me laisser

Sheltie quelque temps? Tu viendrais le voir quand tu veux, après l'école. Je le mettrais dans l'enclos, avec mes ânes. Tu sais qu'ils s'entendent à merveille.

La fillette pâlit, un gros nœud se forma dans son estomac. Elle souhaitait de tout cœur aider le poulain, mais elle avait du mal à imaginer d'être séparée de son poney.

– Ce ne sera pas forcément très long, plaida la vieille dame. Peut-être qu'il suffira de quelques jours pour qu'Étoile accepte de prendre son biberon avec moi.

Emma regarda Sally, puis Étoile, qui tirait goulûment sur le biberon accroché au flanc de Sheltie. Elle comprit qu'elle n'avait pas le choix.

– Bien sûr qu'il peut rester, soupira-t-elle.

Elle serra son poney dans ses bras pour lui dire au revoir. Le shetland pressa son nez contre le visage de sa maîtresse, qui

sentit les larmes lui monter aux yeux. Sally lui posa la main sur l'épaule d'un geste amical.

– Tu ne vas pas te mettre à pleurer, hein ? dit-elle gentiment. Courage !

– Je t'appellerai dès qu'Étoile acceptera que je lui donne à boire, promit Marjorie.

– Minnow et moi, on t'emmènera voir Sheltie tous les jours, après les cours, proposa Sally. Ça va passer vite, tu vas voir.

– Au revoir, mon beau, murmura Emma en donnant une dernière caresse à son poney. Sois sage, hein ? N'embête pas Marjorie !

Le petit shetland rejeta la tête en arrière, tira la langue et souffla bruyamment. Emma fronça les sourcils et se tourna vers son amie :

– Tu crois qu'il se moque de moi ?

– Oh, ça ne m'étonnerait pas ! répondit Sally en riant.

Sally alla chercher Minnow. Quand elle revint avec lui devant la grange, elle tendit la main à Emma pour l'aider à monter en croupe. En partant, Emma salua Sheltie une dernière fois. Elle avait une grosse boule au fond de la gorge.

– Ne sois pas triste, dit Sally pour la réconforter. Sheltie ne risque pas de s'ennuyer, avec les ânes.

– Je sais, admit Emma. Mais il me manque déjà.

Le trajet du retour fut silencieux, chacune étant absorbée dans ses pensées. Lorsqu'elles franchirent le portail de la maison des Matthews, la mère d'Emma fut surprise de les voir revenir toutes les deux sur le même poney. Lorsqu'elle sut pourquoi Sheltie était resté chez Marjorie, elle serra sa fille dans ses bras avec chaleur.

– C'est vraiment très gentil de ta part, dit-elle. Tu as pris la bonne décision ; je suis fière de toi, ma chérie.

– Maintenant, tout dépend du poulain, dit Emma.

– Et de Tracy, ajouta Mme Matthews.

Emma inclina la tête :

– Je vais attendre lundi. Je lui parlerai à la récréation.

7

Mais le lundi, quand les fillettes se retrouvèrent à l'école, Tracy n'était pas d'humeur à discuter. Elle était encore sous le choc, et n'avait aucune envie qu'on lui parle du poulain, qu'elle considérait toujours comme responsable du drame.

Après les cours, les fillettes rentrèrent se changer, puis elles sellèrent Minnow et partirent chez Marjorie. Sheltie fut si content de les voir qu'il fit plusieurs fois le tour de l'enclos au grand galop, en décochant des ruades dans le vide. Étoile, encore un peu pataud, s'efforçait de le suivre tant bien que mal.

Emma courut serrer son poney dans ses bras. Tout heureuse de le retrouver, elle l'observa un moment, chassa la mèche qu'il avait dans les yeux et lui tendit une sucrerie à la menthe.

– Je t'ai apporté ta couverture, lui glissa-t-elle à l'oreille. Et j'ai aussi une carotte que tu pourras manger plus tard.

Naturellement, Sheltie voulut sa carotte *tout de suite*. Il la sentait, dans la poche de pantalon de sa maîtresse. Il était bien trop gourmand pour patienter, et il ne cessa pas de l'asticoter et de la mordiller. Emma finit par céder.

– Tu ne changeras donc jamais, hein? s'esclaffa-t-elle en lui donnant la carotte.

– Ça, lança Marjorie en sortant de la grange avec un large sourire, on peut dire qu'il met de l'animation, par ici!

– Comment va Étoile? demanda Emma. Il veut bien que vous le nourrissiez, maintenant?

Marjorie secoua la tête.

– Non, c'est toujours pareil. Il ne veut boire qu'avec Sheltie. Par contre, il reprend des forces à toute vitesse. J'ai bon espoir.

En effet, le poulain était plus stable sur ses jambes, et il avait l'œil vif et alerte. Emma tendit la main, et il s'approcha pour la renifler. Visiblement rassuré, il ferma les yeux et se laissa caresser.

Quand vint l'heure du biberon, Emma tenta une nouvelle fois de le donner elle-même au poulain ; en vain.

La même scène se répéta le lendemain, et le surlendemain. Étoile continuait à refuser toute alimentation qui ne venait pas de Sheltie.

Le jeudi suivant, les fillettes revinrent pour la quatrième fois. Accoudées à la barrière de l'enclos, elles regardèrent le poulain gambader joyeusement dans l'herbe avec Sheltie et les deux ânes de Marjorie. Il tenait de mieux en mieux sur ses jambes.

– Tu as vu Étoile ? dit Emma. Je ne sais pas si c'est la compagnie de Sheltie ou le lait aux vitamines, mais il fait de sacrés progrès.

– Il a l'air de prendre confiance en lui, convint Sally. C'est bon signe ; avec un peu de chance, il acceptera bientôt qu'on lui donne le biberon à la main.

– J'espère, bougonna Emma. Ça fait cinq jours que je n'ai plus mon Sheltie pour moi. Je commence à trouver le temps long.

8

Le lendemain, à l'école, Emma décida d'adopter une nouvelle stratégie. Elle avait imaginé un plan astucieux pour réunir Étoile et Tracy – et pour ramener enfin Sheltie à la maison. Avant tout, elle devait convaincre son amie de l'accompagner chez Marjorie.

Cette fois-ci, Tracy semblait dans de meilleures dispositions. Quand Emma lui raconta ce qui se passait avec le poulain, elle l'écouta attentivement.

– Au début, avoua Emma, je ne comprenais pas ce que tu reprochais à Étoile. Le pauvre, il n'y était pour rien si Flamme était morte ! Alors, j'ai voulu l'aider. Et voilà ! Maintenant, j'ai perdu mon poney, moi aussi.

– Ça n'a rien à voir, protesta Tracy. Sheltie, tu vas le récupérer d'ici un jour ou deux.

– Non, il y a peu de chances. Tu sais, si ton Étoile s'obstine à refuser le biberon, ça

peut durer des mois. Encore un peu, et Sheltie ne me reconnaîtra plus !

– Quoi, à ce point-là ?

Emma soupira à fendre l'âme :

– Eh oui ! Je commence vraiment à détester ce fichu poulain, comme toi ! Il est la cause de mon malheur.

– Je n'ai jamais dit que je le détestais, se défendit Tracy.

– Ne me dis quand même pas que tu l'aimes ?

– Ce n'est pas ça…

– Remarque, tu changerais d'avis si tu le voyais, continua Emma, en observant Tracy à la dérobée. Il est tellement mignon ! Mais moi, je ne peux plus le supporter.

– Comment peux-tu dire ça ? C'est grâce à Sheltie et à toi s'il est encore en vie.

– Justement, c'est à cause de lui qu'on est séparés, mon poney et moi.

– Ce n'est pas sa faute, plaida Tracy. Il ne doit plus savoir où il en est, il se sent perdu, et il considère Sheltie comme son meilleur ami.

Emma fit semblant de s'énerver :

– Sauf que Sheltie est à *moi* ! C'est *mon* meilleur ami. Pas celui d'Étoile !

– Calme-toi, on va trouver une solution. Il y a peut-être quelque chose que je puisse faire…

Emma parut réfléchir longuement à la question.

– C'est possible, convint-elle avec une moue dubitative.

– Ah ! s'exclama Tracy, pleine d'espoir. Quoi donc ?

– Viens avec moi la prochaine fois, et voyons s'il accepte que tu lui donnes le biberon. On ne sait jamais.

– Tu crois ?

– Cela ne coûte rien d'essayer. Tu étais la maîtresse de sa mère, il doit pouvoir le sentir. On se retrouve chez Marjorie, demain matin, d'accord ?

– OK. Je viendrai à vélo, promit Tracy.

– Alors, à demain, dix heures.

Jusqu'ici, le plan d'Emma se déroulait à la perfection. La fillette était aux anges.

Le lendemain à dix heures, Emma et Sally attendaient Tracy au cottage de Marjorie. Emma était en train d'expliquer à la vieille dame en quoi consistait la deuxième étape de son plan.

– Je vais avoir besoin de la couverture de Sheltie, conclut-elle.

– Je cours la chercher, dit Marjorie en s'éloignant vers la grange. Regardez, ce n'est pas Tracy qui arrive, là ?

La petite fille venait en effet d'apparaître au portail. Elle traversa la cour et rangea son vélo contre la haie.

– Croisons les doigts, murmura Sally.

– Ça va marcher, lui assura Emma sur le même ton. J'ai un bon pressentiment.

Les fillettes se portèrent à la rencontre de leur amie. Marjorie revint bientôt, tenant la couverture de Sheltie au creux du bras. Après les amabilités d'usage, la vieille dame conduisit les trois copines jusqu'à l'enclos, où le poulain folâtrait avec ses compagnons de jeu.

– Il est beau, hein ? dit Emma.

– Oh oui, répondit Tracy, l'air émue. Qu'il a grandi ! Il était si petit la première fois que je l'ai vu !

Étoile entreprit de faire le tour de l'enclos au trot, trébuchant sur chaque irrégularité du terrain.

– Il va finir par se casser la figure, prédit Sally en riant. Tu as remarqué comme il est encore fragile ?

– Il est trop mignon, s'exclama Tracy. On dirait Bambi.

– Et si on entrait dans l'enclos ? proposa Emma, ravie de constater que sa camarade était sous le charme du poulain.

Elle héla Sheltie. Le poney accourut et, comme prévu, Étoile, qui le suivait partout comme son ombre, lui emboîta le pas.

Emma prit alors la couverture apportée par Marjorie.

– Tiens, suggéra-t-elle à Tracy, enveloppe-toi avec.

La fillette haussa les sourcils, l'air de ne pas comprendre.

– Étoile ne te connaît pas, expliqua Emma. Tu risques de lui faire peur. Avec la couverture de Sheltie sur les épaules, tu auras son odeur, et ça rassurera le poulain.

Tracy hocha la tête et fit ce qu'on lui conseillait. Elle désirait approcher le poulain. Elle était très curieuse de le voir de plus près.

Emma accueillit son poney avec effusion, en ignorant délibérément Étoile. Elle savait que le poulain serait jaloux, et qu'il aurait également envie d'affection ! Si bien que, quand Tracy tendit la main vers lui, il se prêta de bonne grâce à sa caresse. Puis il flaira l'odeur de la couverture et enfouit la tête entre les bras de la fillette.

Quand il leva vers elle ses grands yeux noirs emplis d'adoration, Tracy fut brusquement submergée par une grande émotion. Depuis un moment, elle la sentait monter en elle. Incapable de se contenir plus longtemps, elle éclata en sanglots.

9

Marjorie passa un bras autour des épaules de Tracy. Elle lui glissa ensuite le biberon d'Étoile entre les mains.

– Tiens. Tu veux essayer ?

La petite fille essuya ses larmes, prit le biberon et le tendit au poulain. Emma et Sally retinrent leur souffle.

Étoile cligna des paupières. Il regarda Tracy, puis le biberon, et enfin Sheltie. Celui-ci renifla, et du bout du nez il poussa doucement le poulain contre

Tracy. Un bref instant, Étoile hésita. Il renifla la tétine avec méfiance.

– Allez, murmura Emma. Allez, prends-le, je t'en prie.

Le poulain referma ses lèvres autour de la tétine. Il goûta, poussa un hennissement, et se mit à boire goulûment.

– Oui ! Génial ! cria Emma.

Elle aurait voulu chanter et danser, tellement elle était heureuse. Mais elle eut peur d'effrayer le poulain. Quand ce dernier eut fini, il recracha la tétine avec un bruit mouillé. Puis il rota.

Tracy gloussa. Elle semblait ravie d'avoir retrouvé le petit de Flamme.

– Tu sais, reconnut-elle en lui passant les bras autour du cou, j'ai eu tort de t'en vouloir pour la mort de Flamme. Nous l'avons perdue tous les deux. Ça a sûrement été un moment terrible pour toi aussi.

En guise de réponse, le poulain cala plus confortablement sa tête dans la couverture.

Emma lança un clin d'œil à Sheltie. Sous sa crinière en broussaille, les yeux du poney pétillaient de malice.

– Tout est bien qui finit bien, claironna Sally. Sheltie va enfin pouvoir rentrer chez lui.

– Étoile aussi, non ? fit Emma en jetant un regard de connivence à Tracy.

– Je crois que oui. C'est ce que tu avais prévu depuis le début, hein ? fit-elle en souriant.

Emma éclata de rire :

– Oui, je l'avoue. J'étais sûre que tu craquerais dès que tu l'aurais vu.

Tracy hocha la tête :

– Alors, c'est pour ça que tu m'as fait croire que tu ne pouvais plus le supporter. Tu es vraiment maligne !

– Exact ! Il fallait bien trouver un moyen de te faire venir. Tu ne m'en veux pas, j'espère ?

– Bien sûr que non, la rassura Tracy, tu as fait ce qu'il fallait. Merci. Merci du fond du cœur.

– Tu n'es pas obligée de reprendre Étoile tout de suite, intervint Marjorie. Je peux le garder encore un peu si tu veux réfléchir.

– C'est tout réfléchi. Étoile ne prendra jamais la place de Flamme, mais c'est son fils, et elle aurait souhaité que je m'en occupe.

Marjorie acquiesça.

– Je vais appeler tes parents, dit-elle en se dirigeant vers le cottage, pour leur dire de passer cet après-midi.

Emma, Sally et Tracy la regardèrent s'éloigner.

– Ce sera super de le voir grandir, fit Sally d'une voix rêveuse. Je parie qu'il va devenir un champion.

– Comme sa mère, ajouta gentiment Emma.

– Et comme ton Sheltie. Sans lui, Étoile ne serait pas ici. C'est le meilleur, dit Tracy en ébouriffant la crinière du shetland, qui avait rejoint le poulain.

Le compliment était sincère. Emma se sentit très fière de son poney. Elle l'observa un moment : il était déjà reparti et il s'ébattait joyeusement dans l'enclos avec ses compères, tout en gardant un œil sur son petit protégé.

– Comment tu vas faire quand tu l'auras ramené chez toi ? Il est encore très jeune, il aurait besoin d'un camarade de jeu, remarqua-t-elle.

– Je sais. Je vais demander à mes parents de prendre un autre poney pour lui tenir compagnie.

– Un deuxième poney ? Ça ne va pas te donner trop de travail ?

– Oh, je n'adopterai pas un jeune poney tout fou qu'il faut promener chaque jour, non ! Je crois qu'il va me falloir un peu de temps avant de remonter en selle. Je pensais plutôt à un animal âgé, peut-être un ancien poney de cirque qui finirait tranquillement ses jours dans notre enclos.

– Ce serait parfait pour Étoile, approuva Sally.

– Excellente idée, renchérit Emma. Un vieux poney bien dressé, qui lui apprendrait la sagesse et les bonnes manières. Il sera tout le contraire de Sheltie !

En entendant prononcer son nom, le shetland dressa les oreilles et jeta un coup d'œil méfiant à sa maîtresse. Les trois amies se regardèrent avant de partir d'un grand éclat de rire.

FIN

Sheltie®

401. Sheltie, le poney shetland
402. Sheltie et le trésor caché
403. Sheltie et les fugitifs
404. Sheltie trouve un ami
405. Sheltie à la rescousse
406. Sheltie en danger
407. Sheltie et le jeu de piste
408. Sheltie et le grand concours
409. Sheltie et les voleurs
410. Sheltie, le héros
411. Sheltie a des problèmes
412. Sheltie et le chien perdu
413. Sheltie et le poney abandonné
414. Sheltie se déguise
415. Sheltie et le secret de la colline
416. Sheltie en patrouille
417. Sheltie et la fête de l'école
418. Sheltie et la course folle
419. Sheltie et l'autre Sheltie
420. Sheltie est blessé !
421. Sheltie à la mer
422. Sheltie adopte un poulain
423. Sheltie veut gagner !
424. Sheltie à la fête foraine
425. Sheltie et les pirates
426. Sheltie et le diamant